Heinz-Josef van Ool

mit anderen Worten

Copyright © 2017 by Heinz-Josef van Ool
Alle Rechte vorbehalten.
Herstellung und Verlag:

BoD - Books on Demand, Norderstedt

ISBN 978-3-7431-4885-7

Heinz-Josef van Ool

mit anderen Worten

Gedankenspiele zu biblischen Texten

Gewidmet meinem Vater,
von dem ich die Freude am Wort erbte.

Inhalt

Vorwort	9
erste Schöpfung (I)	11
erste Schöpfung (II)	12
Ansprache: "Traum vom Reich Gottes"	13
(Bild: Bäume)	
zweite Schöpfung (I)	19
Sündenfall	20
Kain und Abel	21
Ansprache: "Und Frieden den Menschen auf Erden"	22
(Bild: Pfeile)	
Kain und Abel Litanei	28
Adventszeit	30
als	33
Bußzeit	34

Abel-Bet-Maacha	36
Ansprache: "Fehlende Freude"	38
(Bild: Auge)	
Sarah	43
Psalm 081296	44
Psalm 23 update	46
Dina	47
(Bild: Vögel)	
Ansprache: "Auf dem Spielfeld des Lebens"	49
ohne Namen (I)	54
Isebel	55
Die Totenbeschwörerin	56
Tamar (II)	58
(Bild: Zeichen)	
Ansprache: "Wie stellen Sie sich Gott vor"	60
Abischag	64
Tamar (I)	66
ohne Namen (II)	72

Ansprache: "Versuchung in der Wüste"	73
(Bild: Rechtecke)	
Jakob zu Esau	81
Elischa und die schöne Schunemitin	82
erste Schöpfung (III)	84
Ansprache: "Navigationsgerät"	86
(Bild: Striche)	
Michal	92
zweite Schöpfung (II)	94
Göttin Weisheit	96
Abigajil	98
Ansprache: "Was haben Sie erwartet?"	99

Vorwort:

ich nahm das Buch

schlug es auf

las

eine Geschichte

von einer Frau

ohne Namen

keine Gefühle standen da

nackte Tatsachen

ich nahm das Buch

schlug es zu

die Bibel

und meine Gedanken

gingen auf Reisen

(Unter den Überschriften sind jeweils die entsprechenden Textstelle aus der Bibel aufgeführt.)

erste Schöpfung (I)
(Gen 1)

in der Sehnsucht des Chaos
schrieben sie:
"Gott schuf"
in der Sehnsucht der Ordnung
schrieben sie:
"Gott sprach"
"Gott machte"
"Gott sah"
in der Sehnsucht nach Gemeinsamkeit
schrieben sie:
"lasst uns Menschen machen"
in der Sehnsucht nach gegenüber
schrieben sie:
"als Mann und Frau"
in der Sehnsucht nach Göttlichkeit
schrieben sie:
"nach unserem Bild"

erste Schöpfung (II)
(Gen 1,26-27)

El sprach zu Aschera:
lass uns Menschen machen
als unser Bild
uns ähnlich
sie sollen herrschen
über die Fische des Meeres
über die Vögel des Himmels
über das Vieh
über alle Kriechtiere
über die ganze Erde

und sie erschufen die Menschen als ihr Bild
männlich und weiblich
erschufen sie sie

und Aschera fragte:
und jetzt?

El sprach zu Aschera:
lass uns zurückkehren in die Himmel

und Aschera fragte:
und wenn sie sie nicht beherrschen?

El sprach zu Aschera:
dann fangen wir neu an

"Traum vom Reich Gottes"
(Mt 13,44-46)

Sie haben bestimmt alle schon einmal geträumt?

Ich meine nicht im Schlaf, wo uns Alpträume manchmal erschreckt aufwachen lassen; oder wo wir uns an die schönen Träume am anderen Morgen nur noch bruchstückhaft erinnern können.

Ich meine diese Tagträume, die wir uns ausmalen nach dem Motto:

was wäre, wenn?

zum Beispiel:
Was würde ich mir alles wünschen oder kaufen, wenn ich einen dicken Lotto-Gewinn hätte?
Vielleicht ein eigenes Haus bauen oder ein neues?
Vielleicht mir einmal so ein schickes teures Auto leisten?
Vielleicht eine tolle Karibik-Kreuzfahrt buchen oder sogar ein Weltreise?
Oder vielleicht nur einmal meinem Chef die ehrliche ungeschminkte Meinung sagen?

Was wäre, wenn?

Was wäre, wenn ich wieder ganz gesund wäre?
Ohne die vielen Medikamente und ohne
ständige Schmerzen? Vielleicht könnte ich eine
teure OP mir leisten?
Das wird sich vielleicht ein anderer wünschen.

Oder eine kostspielige Schönheitsoperation, um
dem Ideal-Standard unserer
Konsumgesellschaft zu entsprechen?

Wieder ein anderer würde vielleicht von einer
eigenen Firma träumen, um endlich nicht mehr
arbeitslos zu sein:

Was wäre, wenn?

Vielleicht wünscht sich auch jemand Frieden.
Träumt von Frieden in der Familie,
Frieden in der Schule oder am Arbeitsplatz,
Frieden mit den Nachbarn
oder sogar Frieden auf der ganzen Welt.

Aber seien Sie ehrlich,
würden sie sich wie Salomon Weisheit
wünschen?
Gewiss Weisheit hat etwas Reizvolles,
wenn man König ist und materiell sowieso sich
nicht zu beklagen braucht.
Ansonsten kann man sich für Weisheit nicht
soviel kaufen.

Und selbst die Weisen haben noch so viele Wünsche offen.

Und wenn Sie sich schon nicht Weisheit wünschen oder erträumen, wie sieht es dann mit dem Wunsch oder Traum vom Reich Gottes aus.
Haben Sie schon einmal davon geträumt, wenn das Reich Gottes hier und jetzt Wirklichkeit wäre?
Und wie sähe es Ihrer Meinung nach aus?
Alles nur Friede, Freude, Eierkuchen?

Für manchen ist das Reich Gottes etwas, was nur am Sonntag in der Kirche und in der Predigt relevant ist.
Danach haben sie andere Träume.
Finden wir es vielleicht sogar langweilig.
Keine Konflikte mehr haben,
keine Katastrophen,
keine Kriege,
kein Stunk und Streit
nur noch heile Welt.
Reizt uns denn so gar nichts an diesem Modell: Reich Gottes.
Oder so wenig, dass wir noch nicht einmal davon träumen.

Ich glaube, Jesus war schon klar, dass wir Menschen den Idealfall von Reich Gottes niemals schaffen würden.
Das Paradies schlechthin.
Aber seine Geschichten erzählen uns immer wieder, wie spannend es ist und wie befriedigend, wenn wir uns auf den Weg dahin begeben.

So wie es spannend ist, aber auch anstrengend, sich um einen Schatz oder eine seltene Perle zu bemühen.
So soll es für uns sein, wenn wir uns bemühen, ein bisschen für dieses Paradies auf Erden zu tun.
Zumindest in die Nähe des Reiches Gottes sollten wir uns einfinden und dafür alle Mühsal auf uns nehmen.

Und noch etwas sagt uns das Evangelium:
Für jeden kann das Reich Gottes anders aussehen.
Für den einen ist es der Schatz, den er entdeckt und ausgräbt, für den anderen die seltene Perle.
Wichtig bei unserer täglichen Suche ist nur, dass wir das Gebot der Gottes- und Nächstenliebe nicht außer Acht lassen.
Denn dann entfernen wir uns von ihm, anstatt ihm näher zu kommen.

Ich möchte Sie dazu auffordern, nehmen Sie sich ein bis zwei Minuten Zeit und träumen Sie einmal von Ihrem Reich Gottes.
Wie wünschen Sie es sich?
Was macht es für Sie aus?

Und nachher lassen sie Ihren Traum doch einfach einmal Wirklichkeit werden!
Finden Sie den Schatz, finden Sie die Perle.
Dann bleibt für Sie das Reich Gottes kein Traum.

zweite Schöpfung (I)
(Gen 2,6-9)

Gott war ganz schön außer Atem

nachdem er den Garten gewässert

die Erde umgegraben

Bäume gesetzt

Blumen gepflanzt

einen Menschen aus Lehm geformt

und auch noch angehaucht hatte

aber mit schmutzigen Händen

wollte er ihn nicht ins Leben bringen

Sündenfall
(Gen 3,20)

schön

glänzend

begehrenswert

köstlich

verführerisch

hilfreich

bezaubernd

geschmackvoll

natürlich

nein, nicht die Frucht

Chawa, Mutter aller Lebendigen

Kain und Abel
(Gen 4)

auf dem Feld der Opfer

des Windhauchs Tod

wo bist du geblieben?

die ewige Frage

an mich und an dich

"Und Friede den Menschen auf Erden"
Weihnachtsanprache
(Lk 2,14)

„Wir weigern uns Feinde zu sein!"

An einem der letzten Tage meiner Rundreise durch Israel im März diesen Jahres besuchte ich Daouds Weinberg.
Daoud
– der arabische Name für David –
sitzt hoch oben in 950 Metern Höhe auf seinem Stück Land,
umgeben von 5 israelischen (illegalen) Siedlungen,
ungefähr 8 Kilometer südlich von Bethlehem.
Er hat drei Besitzurkunden für sein Land,
dass sein Großvater 1916 kaufte.
Eine osmanische, eine britische und eine jordanische.
Trotzdem wollen es die Israelis ihm streitig machen und ihn und seinen Bruder dort vertreiben.
Denn was nutzen Daoud und seinem Bruder Besitzurkunden, wenn ultraorthodoxe Israelis behaupten, dass das Land ihnen ja von Gott gegeben wurde.

Seit 25 Jahren führt er deshalb eine juristische Auseinandersetzung mit dem Staat Israel.
Daoud ist Christ.
Man hat seine Zufahrtsstraße mit Felsbrocken blockiert.
Er hat keine Wasserversorgung und keinen Strom.
Er darf nicht bauen und muss sogar von Zeit zu Zeit seine Zelte abreißen.
Oft kommen Israelis, Soldaten oder ultraorthodoxe Siedler und bedrohen ihn, reißen seine Weinstöcke aus und zerstören seine Wasseraufbereitungsanlage.

„Wir weigern uns Feinde zu sein!"

Dieser Satz steht am Tor oben auf der Kuppe seines Weinberges auf einen Felsbrocken gemeißelt
in Arabisch, Englisch, Hebräisch und in Deutsch.
Er ist der Meinung, ein Zusammenleben muss friedlich möglich sein und hat deshalb oben auf dem Weinberg das Projekt „Zelt der Nationen" begründet, in das er Jugendliche aus aller Welt einlädt.

„Wir weigern uns Feinde zu sein!"

Ich bin zutiefst beeindruckt.

Auf die Frage,
ob es denn überhaupt Anzeichen für Frieden
gibt, bei ihm da oben, auf seinem Weinberg,
antwortete Daoud bescheiden.
Ja,
denn ein Israeli
– ein Pensionär aus einem Kibbuz – ,
der jetzt in einer der illegalen Siedlungen
wohnt, habe davon gehört, dass er keine
Wasserversorgung habe.
Er ist zu ihm gekommen, um zu helfen, weil er
Fachmann für ökologische Toilettenanlagen sei.
Zwei habe er schon hier oben für ihn gebaut.
Daoud erlebt es immer wieder, dass ein
friedliches Zusammenleben möglich ist.
Daoud erlebt es aber auch immer wieder,
dass man nachts seine Weinstöcke zerstört
und mit Gewehren auf seine Schafe und Ziegen
schießt.
Trotzdem er bleibt dabei:

„Wir weigern uns Feinde zu sein!"

Die nächste Station meine Reise ist die
Geburtsgrotte in Betlehem.
Und während ich mich in der langen Schlange
von Touristen langsam vorwärts schiebe in den
engen Raum, in dem Jesus geboren sein soll,
geht mir Daoud's Weinberg nicht aus dem Kopf.

Vor mir knien die Menschen nieder und berühren oder küssen den goldenen Stern. Prächtig ist sie ausgestattet, die Grotte, mit vielen brennenden Kerzen, die Stelle, an der die Krippe in der Heiligen Nacht das Jesuskind beherbergte.
Doch ich sehe vor meinem inneren Auge nur den Felsen mit der Inschrift:

„Wir weigern uns Feinde zu sein!"

Das Baby-Hospital in Bethlehem ist die nächste Station meine Reise.
Es wird von der deutschen, österreichischen und schweizerischen Caritas unterstützt und nimmt Kinder bis 7 Jahre auf, egal ob christlich oder muslimisch.
Sonst gibt es so etwas für Palästinenser überhaupt nicht, da die meisten keine Krankenversicherung haben und sich auch nicht leisten können.
Kemal, der wie auch vorher Daoud, sehr gut deutsch spricht, führte mich durch das Haus über zwei Stationen, und erzählte ein wenig darüber.
Anschließend spielte er auf der Blockflöte „O du fröhliche",
denn in Bethlehem, wo Jesus geboren ist, ist immer Weihnachten.
Ich musste zwei Strophen mitsingen.

Seit meinem Besuch auf Daoud Weinberg lässt mich ein Gedanke nicht mehr los und ist auch jetzt in dieser Stunde wieder ganz stark gegenwärtig:

Wenn wir seit mehr als 2000 Jahren die Weihnachtsbotschaft
- vom Frieden den Menschen auf Erden -
nicht schaffen, dann sollten wir uns wenigstens weigern, Feinde zu sein.

Kain und Abel Litanei
(Gen 4)

bist du mit andern zusammen,
so nimm dich in Acht,

vor denjenigen,
die versteckt reden;
sie könnten dich meinen

bist du mit andern zusammen,
so nimm dich in Acht,

vor denjenigen,
die beobachten;
du könntest Objekt sein

bist du mit andern zusammen,
so nimm dich in Acht,

vor denjenigen,
die lästern:
sie könnten dich treffen

bist du mit andern zusammen,
so nimm dich in Acht,

vor denjenigen,
die nur zuhören;
sie könnten dich missverstehen

bist du mit andern zusammen,
so nimm dich in Acht,

vor denjenigen,
die nur schweigen;
sie könnten es dir anlasten

bist du mit andern zusammen,
so nimm dich in Acht,

vor denjenigen,
die nur lächeln;
sie könnten es über dich tun

bist du mit andern zusammen,
so nimm dich in Acht,

vor denjenigen,
die es gut meinen;
sie könnten dich ködern

bist du allein,

so nimm dich in Acht,

vor dir selbst;

du könntest so sein

Adventszeit

Da sind wir also wieder mittendrin
in der Adventszeit
Zeit der Stille
Zeit der Besinnung
Zeit der Erwartung

früher kam sie plötzlich
peng,
heute ist der erste Advent
gestern war noch ein grauer nasskalter
Herbsttag, heute Advent

draußen hat sich nichts geändert
und drinnen?
vielleicht ein paar Kerzen,
ein paar Teelichter mehr als sonst
es ist ja früh dunkel

heute kommt sie schleichend
die Adventszeit
im September spätestens
mit Spekulatius und Christstollen
heute kann man sich viel besser darauf
einstellen
Zeit der Erwartung
dunkle Zeit

immer schneller ist sie geworden,
die Adventszeit
immer hektischer
immer lauter
hat sie denn überhaupt noch Sinn?
hat sie jemals Sinn gehabt?

natürlich wir freuen uns auf Weihnachten
wir erwarten die Ankunft des Herrn
jedes Jahr wieder
ist er jemals gekommen?

wir erwarten die Heilszeit des Friedens
haben wir ihn in all den Jahren jemals
gefunden?

trotzdem vier Wochen Wartezeit
Wartezeit auf etwas, das doch nicht kommt
trotzdem vier Wochen Zeit der Stille
die Stille der Einkaufsstraßen,
der Geschäfte,
der lauten Weihnachtsmusik
trotzdem vier Wochen Adventszeit

wenn Jesus dafür lebte,
dass Gott schon spürbar in seiner Welt war,
warum dann warten?
warum dann jedes Jahr erneut
seine Ankunft erhoffen?

Adventszeit
alle reden davon
wie gut sie tun könnte
tut sie es?
alle freuen sich auf Weihnachten
und dann?

wir haben ihn erwartet
wir haben uns gefreut
wir haben uns den Frieden gewünscht
peng,

plötzlich ist wieder alles so wie es vorher war
draußen noch immer ein grauer nasskalter Tag
er heißt jetzt Winter

die Zeit der Stille ist wieder vorbei
Gottseidank
sie war es ja auch nie

die Zeit der Besinnung ist vorbei
Gottseidank
sie war ja so anstrengend

die Zeit der Erwartung bleibt
warten können wir immer
auf irgendwas zu warten,
gehört zu unserem Leben
warum Adventszeit?
warum sich vier Wochen etwas vormachen?
darüber lässt sich nur spekulieren

als

als ich einen Sinn suchte
um mich zu rechtfertigen
suchte ich dich

als ich ein Etwas suchte
um mich aufzulösen
suchte ich dich

als ich ein Erlebnis suchte
um mich zu messen
suchte ich dich

als ich ein Tuch suchte
um mich aufzuwischen
suchte ich dich

als ich eine Brust suchte
um mich zu wärmen
suchte ich dich

als ich eine Liebe suchte
um mich zu schenken
suchte ich dich

als ich nichts suchte
fand ich dich

Bußzeit

kehr um

verweile

blick zurück

bleibe

nehm an das Ich aus frühen Tagen

versuch ein neues Ich zu wagen

kehr um

dreh dich

schau den Ort

sieh links

sieh rechts

lauf nicht fort

such alte Wege neu zu sehen

such weise neuen Weg zu gehen

kehr um

hol Luft

verschnauf

sieh Gott

riech Duft
hör auf
vergiß das ganze Rumgelaufe
den Stress, das Hin- und Hergeraufe

kehr um
Minuten nur
doch wichtig
vielleicht nur krumme Wege richtig

kehr um
im Geiste nur
gedanklich
vielleicht fühlst du ja noch den Drang nicht

kehr um
denn kostbar ist die Zeit bemessen

kehr um
bevor du bist vergessen

Abel Bet Maacha
(2 Sam 20,15-22)

eine Stadt in Angst
eingeschnürt von den Soldaten

die Männer verzweifelt
die Frauen weinen schon
die Kinder sind verstummt
die Ältesten klagen:
"Gott hat uns verlassen"

da tritt sie auf
eine Frau handelt
eine Mutter in Israel

wissen will sie den Grund
herausfordernd fragt sie den Anführer:

warum dieser Auflauf
warum diese Feindschaft
warum Tod den Vielen
hast du nicht gehört, was man sagt:
"man muss nur in Abel fragen,
dann ist man schon am Ziel"

und er schüttelt den Kopf
nicht die Stadt
nur ein Mann
ein Verräter des Königs
mitten in ihren Mauern
gebt ihn heraus und wir gehen

eine Frau handelt
sie bringt ihm den Kopf
sie rettet die Stadt
und nur bei Gott hat sie einen Namen

"Fehlende Freude"
(Jesaja 25,6-10a)

Unsere Kühl- und Kleiderschränke bersten vor Lebensmittel und Kleider.
Wie in einem kürzlich vorstellten Film eindrucksvoll erschreckend dargestellt wurde, landet die Hälfte unserer Lebensmittel in Deutschland auf den Müll.
In den Einkaufszentren türmen sich die unterschiedlichsten Güter und unsere Supermärkte sind voll von den unterschiedlichsten Dingen.

Kurz gesagt: Wir leben im Überfluss.
Soziologen sprechen von einer „Überfluss-Gesellschaft".

Und dieser Überfluss betrifft nicht nur die bunte Welt der Dinge wie Lebensmittel, Kleidung, Autos, Möbel, Handys und Unterhaltungsgegenstände.
Nein, dieser Überfluss bietet sich auch in sozialen Kontakten, sei es persönlicher Art in Nachbarschaften, Vereinen, Kegelclubs etc. oder z.B. über „facebook" in der virtuellen Welt des Internets.

Überfluss bis hin zum Überdruss.
Für viele macht sich inmitten dieses Überflusses bereits ein gewisses Völlegefühl breit.
Es gibt immer mehr Menschen, die haben dieses Leben satt und über.

Und genau in dieser Situation platzt Jesaja mit seiner Ankündigung, dass Gott ein Festmahl mit feinsten Speisen und erlesenen Weinen geben will.
Das haut doch jetzt niemanden wirklich vom Hocker.
Das hat in unserer Überflussgesellschaft doch jeden Hauch von Event und jeden Anreiz des Besonderen absolut verloren.
Da können wir doch nur mit einem stillen Rülpser drüber hinweggehen.
Wir haben doch alles.
Und jetzt schon wieder essen und feiern.

Genau an dieser Stelle meiner Überlegungen musste ich aber feststellen, dass immer mehr Menschen trotz Überfluss etwas fehlt.
Warum wären sonst auch so viele unzufrieden und würden laufend jammern.
Es fehlt uns etwas und wir werden einer Sehnsucht gewahr, die über alles Weltliche hinausgeht.

Wenn Jesaja schreibt, dass Gott uns zu einem Festmahl einlädt, weil er den Tod beseitigt, die Tränen abwischt und uns rettet und wir darüber jubeln und uns freuen sollen, dann ist mir aufgegangen, was mir fehlt.
Die Freude!

Jede Eucharistie-, jede Wortgottesfeier ist die Einladung Jesu zu diesem Festmahl.
Die Einladung sich zu freuen.

Im Buch Exodus fand ich eine Stelle, die ganz bemerkenswert ist. Da heißt es ungefähr:
„Mose und die 72 Ältesten stiegen auf den Berg und sie sahen den Gott Israels. Und sie aßen und tranken im Angesicht Gottes."

In den Gottesdiensten teilen wir gemeinsam dieses Brot miteinander.
Also im Angesicht Gottes Mahl halten.
Aber freuen wir uns?

Okay, wir bitten, loben, preisen, danken, verherrlichen Gott in unseren Gottesdiensten. Aber wenn Sie sich so umschauen, seien wir ehrlich zu uns selbst, Freude, pure Freude sieht anders aus, oder?
Und ehrlich gesagt, das fehlt mir.

Und noch etwas.
Mir fällt im Moment wirklich nicht ein, wie man das Ganze ändern könnte.
Ich hab da kein Patentrezept gefunden.
Aber es lohnt sich vielleicht einmal darüber nachzudenken, wie wir mehr Freude – oder Freude überhaupt – in unsere Gottesdienste bekommen könnten.

Schließlich können wir sagen, was Jesaja uns in den Mund legt:
„Seht, das ist unser Gott, auf ihn haben wir unsere Hoffnung gesetzt, er wird uns retten."

Ich bin mir fast sicher, wenn wir es schaffen, mehr Freude in unsere Gottesdienste zu bekommen, wird der ein oder andere da draußen wieder zu uns stoßen, dem vielleicht hier bisher nur die Lebensfreude gefehlt hat.

Alles andere hat er ja im Überfluss.

Sarah
(Gen 12ff)

Frau an seiner Seite

aufgebrochen zu neuen Horizonten

gefährdet in den Palästen Ägyptens

hoffend auf einen Sohn

neidisch auf den anderen

welkend an seiner Seite

verzweifelnd an einer Zusage

gebährend im hohen Alter

lachend in Erinnerung

Psalm 081296

Rational und kühl,
bit- und bytegesteuert,
Ausstrahlung von maximal 52 Hertz.

Meditativ entschwindend,
träumerisch und nachdenkend,
Mitte sein und verschenken.

Wanderer zwischen Extremen.

Abweisend und rastlos,
schweigend in Trotz und Verwirrung,
ohne Blut, ohne Herz, nur Kabel und Verstand.

Lustig und liebend,
ein schweigendes Suchen,
ganz Musik, Gespräch, Rhythmus und Gefühl.

Wanderer zwischen Extremen.

Kenntnisse fordernd,
das i-Tüpfelchen verlangend,
zerbrechen, erkalten, versteinern.

Etwas suchend,
irgendetwas vermissend,
tasten, fühlen, erspüren wollen.

Wanderer zwischen Extremen.

Durch Geräusch von Ventilatoren und Lüfter singen
zum Takt des eigenen Herzschlages.

Mit den Fingern über Tastaturen des Lebens gleiten
im Gespräch mit Menschen und Göttern.

Mit dem Joystick das Buch der Bücher atmen
in sich das Wissen des Ewigen.

Im Blitzen elektrostatischer Aufladungen erhaschen
Augenblicke des großen Mysteriums.

Wanderer zwischen Extremen.

Psalm 23 update

Du, Gott
wenn es mir gut geht
dann mit Dir
und durch Dich
Du hast mir ein miteinander gegeben
einen Ruheort zuhause
ein Auskommen
Du lässt mich lebendig sein
Du bist der rechte Maßstab für mein Leben
Du bist selbst dann bei mir,
wenn meine Aussichten dunkel sind
Du nimmst mir Angst, weil Du da bist
Du gibst mir Atem,
wenn mir die Luft wegbleibt
Du gibst mir täglich das Brot
und den Wein für meine Feste
und das vor Neidern und Missgünstigen
Du bist der Hintergrund für Gutes und
Freundliches
an allen Tagen und Nächten
Du, Gott
wenn es mir gut geht
dann mit Dir
und durch Dich

Dina
(Gen 34)

sie hieß Dina
einziges Mädchen mit 12 Brüdern
gestandenen Männern
jeder ein Stammesführer

sie hatte keinen Stamm
sie war nur neugierig
das wurde ihr zum Verhängnis

missbraucht
erniedrigt
gerächt

aber was blieb ihr
die Geschichte schweigt

keine Zukunft
keine Perspektiven
nur ein Name
als Anhängsel an zwölf Brüder

"Auf dem Spielfeld des Lebens"
(Mt 9,36-10,8)

Mein Religionslehrer pflegte uns ab und zu mit einem religiösen Witz zu unterhalten.
Einmal fragte er uns:
Wer die erste Fußballmannschaft war?
Die Antwort gab er uns dann schnell hinterher.
Natürlich Jesus und seine Apostel.
Denn es steht ja schon in der Bibel:
Jesus stand im Tor und seine Jünger abseits.

So ganz aus der Luft gegriffen ist diese Pointe aber nicht.
Wenn ich dieses Evangelium lese mit der Aufzählung der Apostelnamen, erinnert mich das schon an eine Mannschaftsaufstellung.

Und wenn ich dann weiter Jesu Rede an diese seine Mannschaft lese:
„Verkündet:
Das Himmelreich ist nahe.
Heilt Kranke, weckt Tote auf,
macht Aussätzige rein, treibt Dämonen aus!"
dann klingt das doch ganz wie eine Mannschaftsbesprechung und eine Instruktion für das bevorstehende Spiel.

Darüber hinaus sind die Apostel in unseren Augen genauso ehrfürchtige Lichtgestalten wie in den Augen der Fußballfans ihre Idole auf dem Spielfeld.

Wenn wir uns die Mannschaft Jesu genau ansehen, dann werden uns hier die Namen von zwöl bewundernswerten Männern schwarz auf weiß präsentiert.

Nein, es sind eher nur elf.
Judas hat schließlich Jesus verraten.

Also elf ehrenwerte tadellose Männer.
Wie zum Beispiel Simon Petrus.
Obwohl, wenn ich es mir recht überlege.
Er hat auch Jesus verraten.
Er hat nicht gehalten, was er seinem Meister versprochen hatte und ihn dreimal verleugnet.

Bleiben noch zehn Namen.
Matthäus zum Beispiel.
Und auch hier gilt, er war zwar bekehrt, hatte aber als ehemaliger Zöllner bestimmt keine reine Weste.

Immerhin bleiben jetzt noch neun Namen.
Doch Jakobus und Johannes sind moralisch auch nicht so ganz ohne, wenn sie durch ihre Mutter Ehrenplätze im Himmel für sich reklamieren.

Ich finde das sogar ziemlich arrogant.
Also noch sieben ehrenwerte Namen.
Aber da gibt es auch noch den Thomas, der nicht glauben wollte, was er nicht mit eigenen Augen sah.
Thomas der Zweifler.

Die verbliebenen sechs Apostelnamen tauchen nur in dieser Liste im Evangelium bei Matthäus auf.

An diese zwölf wendet sich Jesus.
Sechs unbeschriebene Blätter
und sechs Menschen von denen wir auch jetzt nach 2000 Jahren noch den einen oder anderen dunklen Punkt kennen.
Zu ihnen sagt er:
„Verkündet:
Das Himmelreich ist nahe.
Heilt Kranke, weckt Tote auf,
macht Aussätzige rein, treibt Dämonen aus!"

Damals gab es genauso viel zu tun wie bei uns heute.
Manche Kreise und Gruppen sind auch heute einfach tot, kein Interesse mehr.
Damals wie heute gibt es Menschen, die wie Dämonen mit übler Nachrede die Atmosphäre vergiften und andere zu Aussätzige abstempeln.

Zu denen schickte er die Apostel.
Und er schickte keine strahlenden Vorbilder, keine durchtrainierten Männer in Weiß, die immer schon hehre Lichtgestalten waren.

Er schickt sechs ungeschriebene Blätter, deren Namen wir gerade mal noch kennen.

Er schickt Matthäus mit seiner dunklen Vergangenheit, und Thomas den Zweifler.
Er schickt den gefühlsbetonten und etwas feigen Simon Petrus, und die eingebildeten Brüder Jakobus und Johannes.

Ja er schickt selbst den Judas, der ja nun bewiesenermaßen die ganze Sache verraten hat.
Weil sie aber in ihren Fehlern und Schwächen uns so ähnlich sind, kann Jesus uns sagen:
Ich meine auch dich?
Er kann sagen:
Ich schicke auch dich,
auch wenn du nie groß herauskommst,
auch wenn du vielleicht ein bisschen feige bist oder mit deinen Gefühlen immer vorne an bist,
auch wenn du ein zu ausgeprägtes Selbstbewusstsein hast
oder einen dunklen Punkt in deiner Vergangenheit.

Ja, ich meine auch dich,
selbst wenn du von Zweifel hin und her
geworfen wirst.

Und dass Jesus auch uns in seine Mannschaft geholt hat, wissen wir nicht erst seit kurzem, sondern schon seit unserer Taufe.

Uns alle gibt er die Marschroute für das Spiel unseres Lebens, die da heißt:
„Verkündet:
Das Himmelreich ist nahe.
Heilt Kranke, weckt Tote auf,
macht Aussätzige rein, treibt Dämonen aus!"
Laufen wir also auf das Spielfeld des Lebens und setzen wir seine Instruktionen um.

ohne Namen (I)
(2 Sam 17,15-22)

königliche Boten
auf der Flucht vor den Häschern
verfolgt vom Sohn
dann eine Frau
sie versteckt sie im Brunnenloch
deckt sie zu mit einer Decke aus Körnern
riskiert ihr Leben
rettet sie
in letzter Minute
und die Geschichte wendet sich
David kehrt zurück nach Jerusalem
und der Name der Frau ist vergessen

Isebel
(1 Kön 16 ff und 2 Kön 9)

eine facettenreiche Frau

fremdländisch
machthungrig
integrand
mörderisch
Baal ergeben
gehasst
angefeindet

vielleicht schön
vielleicht treusorgend
vielleicht weitblickend
vielleicht verkannt
vielleicht verehrt
vielleicht geliebt

bestimmt polarisierend

und am Ende lecken die Hunde ihr Blut

Die Totenbeschwörerin
(1 Sam 28,3-25)

Diese schwärzeste Nacht wird sie nie vergessen,
als dieser Mann plötzlich vor ihr stand.
Die "Gabe" hat sie schon immer besessen,
doch dieser Mann war ihr nicht bekannt.

Voll Furcht sah sie in sein fahles Gesicht;
denn, was er verlangte, war nicht gut.
Doch sprach Verzweiflung im kargen Licht;
doch stand der Tod auf dem, was sie für ihn tut.

Einen Totengeist soll sie für ihn holen;
sein letzter verzweifelter Versuch.
Sie mustert ihn bei dieser Bitte verstohlen;
denn er selbst verströmt schon Todesgeruch.

Sie weigert sich erst, doch er zerstreut ihre Bedenken
und schließlich beginnt sie die Zeremonie;
beginnt ihren Geist in die Scheol zu senken,
doch was sie beschwört, erschrecket sie.

Einen Totengeist sieht sie, er steigt aus der Erde
und spricht mit dem, der sie dazu zwang.
Der will genau wissen, was ist und was werde.
Sie flüstern hektisch, doch sie reden nicht lang.

Der Totengeist steigt schnell wieder hinab,
ins schwarze Dunkel, woher er kam
die Frau ist erleichtert, müde und matt,
der Mann, der sie zwang, jede Kraft ihr nahm.

Sie hat es getan, wie schon lange nicht mehr,
ließ einen Toten aus der Grube erstehn.
Sie spürt kein Verlangen danach und ist leer,
möge die Nacht schnell vorübergehen.

Sie wurde schon Hexe genannt für die "Gabe",
die Toten zu holen aus ihrem Reich.
Am nächsten Tag wird sie nehmen die Habe
und ein paar Münzen und verschwinden sogleich.

Tamar (II)
(2 Sam 13,1-19)

ein Palmensetzling

ganz zart

anmutig

auf-knospend

und liebreizend

herausgerissen

von dem Halbbruder

benutzt

zertrampelt

zerstört

weggeworfen

ein verspieltes Leben

und viel zu früh verdorrt

"Wie stellen Sie sich Gott vor?"
(Lk 15,1-10)

Wenn ich jetzt durch die Kirche ginge und jedem von Ihnen die Frage stellen würde: "Wie stellen Sie sich jetzt in diesem Moment Gott vor?",
bekäme ich, so wie ich glaube, überwiegend zwei Gottesbilder zur Antwort.

Zum einen ist da das Bild von Gott als den liebenden Vater in vielen von uns, das uns durch die Evangelien von Kindheit an vor Augen geführt wurde.

Zum anderen glaube ich, dass auf Platz zwei dieser - nennen wir es einmal Gottesbilder-Hitliste – das Bild von Gott als dem guten Hirten liegen würde.

Unser Evangelium vom guten Hirten, der das eine verloren gegangene Schaf sucht und nicht im Stich lässt, ist gewiss ein Grund für die Beliebtheit dafür, Gott im Bild des guten Hirten zu sehen.
Und dann gibt es da auch noch das alte Lied aus der Davidszeit, den Psalm 23, der ebenfalls Gott als den fürsorglichen Hirten preist:

*„Der Herr ist mein Hirt, nicht wird mir fehlen,
er lässt mich rasten auf grüner Au,
er führt mich zur ruh an lebendige Wasser"*

Ja, ich bin mir sicher, das Bild von Gott als treu sorgenden Hirten stände in dieser Hitliste ziemlich vorne.

Ganz anders dagegen sähe das wohl aus mit dem Bild Gottes als Frau.

Die zweite Beispielerzählung aus dem heutigen Evangelium, stellt uns Gott als aufgeregt, hektisch suchende Frau vor. Die alles auf den Kopf stellt, um ein verlorenes Geldstück wieder zu finden.

Obwohl beide Geschichten vom Suchen und Finden von etwas Verloren gegangenen handeln, fällt es uns leichter, Gott im Bild des guten Hirten zu finden als im Bild der suchenden Frau.

Älteste Spuren im Alten Testament lassen aber noch erkennen, dass Jahwe zunächst in beiden Gestalten - Mann und Frau – seine Verehrung fand.

In Israel, in Tell Arad, ist eine Tempelanlage ausgegraben worden, die erst durch die Kultreform des Königs Joschija im 7. Jahrhundert vor Christus zerstört wurde.
Dort im Allerheiligsten standen zwei Steinsäulen, ohne Schmuck, ohne Verzierung, reine unbehauene Steine.
Beide Steine – Maseben genannt – waren dem Gott Jahwe zu Ehren aufgestellt und sollten an seine männliche und weibliche Seite erinnern.

Auf Grund der patriarchalischen Gesellschaftsstrukturen unter der das AT entstanden ist, sind die weiblichen Gottesbilder fast ganz aus unserer Bibel verschwunden.

Aber es lassen sich noch Spuren davon finden. So z.B. in Jesaja, wo der Prophet Gott als eine schreiende, schnaufende Gebärende darstellt.

Oder auch in Hosea, wo Gott Israel wie einen Säugling an die Brust nimmt um ihn zu stillen.

Ich finde es schön, dass unser Evangelium uns beide Bilder vorstellt.
Meine Bitte an Sie ist es, sich einmal darauf einzulassen.

Auf den Hirten, der sich um sein verlorenes Schaf sorgt genauso wie auf die Frau, die ihren ganzen Hausstand auf den Kopf stellt um ein dringend benötigtes Geldstück wieder zu finden.

Beide Bilder stellen ausdrucksvoll dar, dass Gott das Verlorene, das Verirrte nicht aufgibt. Menschen machen Fehler,

Menschen irren auf Abwegen durch ihr Leben, Menschen gehen verloren.
Und immer wieder ist da Gott, als der gute Hirte für die einen oder die fürsorgliche Frau für die anderen, der seine große Barmherzigkeit zeigt, in dem er oder sie keinen von uns verloren gehen lässt.

Und das ist die frohe Botschaft, die wir mit nach Hause nehmen sollen, egal welches Gottesbild in uns die Hitliste anführt, in jedem von ihnen finden wir die Geborgenheit, die wir für unser Leben so notwendig brauchen.

Abischag
(1 Kön 1,1-4)

dreh dich
dreh dich

Abischag

zur schönsten Frau Israels

bist du gekürt

tanze
tanze

Abischag

dem alten König

bist du erwählt

freu dich
freu dich

Abischag

im Hochzeitsgewand

wirst du vor ihn treten

weine
weine

Abischag

du bist nur Wärmflasche

für ihn gedacht

klage
klage

Abischag

schon kurz nach der Hochzeit

wirst du Witwe sein

Tamar (I)
(Gen 38)

Freundin: Das musst du mir unbedingt erzählen!

Tamar: Was?

Freundin: Das mit dir und deinem Schwiegervater.

Tamar: Ich weiß nicht.

Freundin: Doch, ich bin so neugierig auf die Story.
Überall höre ich davon.

Tamar: Na, so doll ist das auch wieder nicht.

Freundin: Du warst doch mit zweien seiner Söhne verheiratet?

Tamar: Natürlich nacheinander.
Ja, und beide sind gestorben.

Freundin: Und dann?

Tamar: Den Dritten, den Jüngsten, wollte er mir nicht zum Mann geben.

Freundin:	Was? Du hattest doch Anspruch darauf.
Tamar:	Eben!
Freundin:	Warum nicht?
Tamar:	Er hatte Angst, der könnte mir auch noch sterben.
Freundin:	Als wenn du das schuld gewesen wärst, bei den beiden anderen, meine ich.
Tamar:	Genau!
Freundin:	Und was hast du gemacht?
Tamar:	Ich habe meinen Schwiegervater reingelegt.
Freundin:	Wie das?
Tamar:	Ich habe mich ihm als Prostituierte angeboten. Inkognito, versteht sich.
Freundin:	Versteht sich.
Tamar:	Und er hat angebissen.

Freundin:	Und, hat er dafür bezahlt?
Tamar:	Das ist es ja. Er hatte überhaupt kein Geld bei sich.
Freundin:	Unverschämt. Dich dann überhaupt anzusprechen.
Tamar:	Deshalb habe ich ein Pfand verlangt. Irgendetwas, was ihm wichtig und heilig ist.
Freundin:	Und?
Tamar:	Er gab mir seinen Ring.
Freundin:	Und habt ihr......?
Tamar:	Ja!
Freundin:	Und wie war es?
Tamar:	Das willst du gar nicht wissen.
Freundin:	Verstehe. Wie ging es dann weiter?

Tamar:	Ich wurde schwanger und das hat er natürlich spitzgekriegt.
Freundin:	Dass du schwanger von ihm warst, wusste er nicht?
Tamar:	Nein.
Freundin:	Echt krass.
Tamar:	Daraufhin wollte er mich verbrennen lassen.
Freundin:	Was? Das Schwein.
Tamar:	Zum Glück ist es ja nicht soweit gekommen.
Freundin:	Weil er dein Pfand hatte.
Tamar:	Richtig! Ich hab ihm den Ring unter die Nase gehalten.
Freundin:	Was hat er denn gesagt?

Tamar:	Er war zunächst richtig erschrocken. Der gute Ruf, weißt du. Als ich ihm dann erklärte, dass ich das alles nur inszenierte, weil er mir mein Recht vorenthalten hatte, wurde er ziemlich kleinlaut.
Freundin:	Perfekt! Den hast du ja richtig gehend auf die Palme gebracht.
Tamar:	Das hatte er ja auch verdient, meine ich.
Freundin:	Toll! Finde ich total cool.
Tamar:	Na ja, man kann sich von den Männern schließlich nicht alles bieten lassen.
Freundin:	Genau! Aber Gott kommt in deiner Geschichte nicht vor?
Tamar:	Wieso sollte er?
Freundin:	Weil deine Geschichte doch in der Bibel steht.

Tamar: Vielleicht deshalb, weil Gott von sich selbst sagt, dass er immer auf der Seite der Schwachen, der Witwen und Waisen steht.

Freundin: Da könntest du Recht haben.

Ohne Namen (II)
(1 Kön 10, 1-13)

ohne Namen

konturlos

von Neugier getrieben

in Ehren empfangen

in Ehren entlassen

gekommen aus Saba

gegangen wohin?

sie brachte Geschenke

was nahm sie mit?

eine Königin

eine Geliebte?

eine Frau

in einer Welt voller Männer

"Versuchung in der Wüste"
(Lk 4, 1-13)

Ich finde, dass ist wieder eine dieser unglaublichen Geschichten, die uns Lukas in dieser Perikope serviert.
Gehen wir doch einfach mal salopp den Aussagen nach, die hier gemacht werden:

Da tritt Jesus
- im Kapitel vorher noch in der Taufe am Jordan als Gottessohn deklariert –
ab in die Wüste in den befristeten Hungerstreik.
Da fragt man sich doch warum?

Lehnte Jesus diesen Segen von oben am Jordan vielleicht erst mal ab?
Hatte er vielleicht anderes vor?
Oder hatte Gott - wie das bei Vätern ja manchmal üblich ist – einfach bestimmt: das bist du jetzt!

Aber es kommt noch schlimmer.
Da erzählt uns Lukas, dass dieser von Hunger und Durst geschwächte Jesus erst einmal 3 Wüstenprüfungen a la Dschungelcamp bestehen muss, um auf die Menschheit los gelassen zu werden.

- Steine zu Brot verwandeln
- sich vom Tempel in Jerusalem stürzen
- alle Macht der Welt ausschlagen

Hungerfantasien?
Fata Morgana?

Und der Quizmaster ist nicht irgendeine Zweitbesetzung, sondern der Teufel höchst persönlich.
Aber Jesus besteht diese Prüfungen mit Bravour, ja er ist nach 40 Tagen ohne Nahrung noch erstaunlich schlagfertig.

Am Schluss der Geschichte steht dann der merkwürdige Satz:
„Nach diesen Versuchungen ließ der Teufel für eine gewisse Zeit von ihm ab."

Da fragt man sich doch, ob nach diesen 3 Versuchungen überhaupt noch eine Steigerung möglich wäre.

Sie merken, ich habe diese Geschichte ziemlich auf die Schippe genommen.
Und genau damit will ich ausdrücken, dass es nicht einfach ist, diese Perikope von der Versuchung Jesu in der Wüste zu verstehen.

Versuchen wir deshalb einmal nachzuspüren, was Lukas hier eigentlich erzählt.

Nach der Taufe im Jordan steht Jesus vor dem entscheidendsten Schritt seines Lebens.
Er will seinen Zeitgenossen die Augen für das Reich Gottes öffnen, das nach seiner Überzeugung längst begonnen hat.

Zwar im Kleinen, wie er im Gleichnis vom Senfkorn später klar zu machen versucht, aber es ist da.

Und hier ganz zu Beginn seines Wirkens sind die Versuchungen, denen er bei seiner Verkündigung ausgesetzt werden wird, schon klar umrissen.

Steine zu Brot – erinnern wir uns an die Speisung der 5000 mit 5 Broten und 2 Fischen. Werden seine Wunder richtig verstanden werden?
Wird er sie tun zum Lobe Gottes, oder um seiner eigenen Eitelkeit Genüge zu tun?

Alle Reiche, alle Macht der Welt für ihn – erinnern wir uns an seine Definition des Reiches Gottes!

Ist es nicht während seiner ganzen Tätigkeit die große Versuchung, sich als Messias feiern zu lassen und die weltliche Seite der Macht darin zu übernehmen?
Wird Jesus nicht immer wieder darum kämpfen müssen, nicht als Retter und König eines neuen Israels gesehen zu werden?

Sturz vom Tempel – sehen wir am Ende der Fastenzeit schon seinen Tod am Kreuz.
Diesem Jesus ist klar, wenn er sich auf diesen Weg einlässt, kann das nur zum qualvollen Ende führen.
Und natürlich ist die Versuchung groß, dem auszuweichen, sich sozusagen aus dem Staub zu machen.

Wenn Lukas von 40 Tagen spricht, nimmt er bewusst die Zahl 40.
- Moses, der 40 Tage auf dem Berg Sinai war, bevor er die 10 Gebote empfing.
- Das Volk Israel zog 40 Jahre durch die Wüste, bevor es das gelobte Land betreten durfte.

40 ist ein Pseudonym für Vorbereitung und Prüfung

Dreimal wird Jesus in Versuchung geführt.
- Drei Männer erscheinen dem Abraham bei den Eichen von Mamre
- Drei Tage liegen zwischen Tod und Auferstehung.

Auch die 3 hat Symbolcharakter.
Sie steht für besondere Gottesnähe.

Und der Teufel?
Schauen wir einmal auf uns selbst!
Es sind immer zwei Pole in uns, die miteinander im Wettstreit liegen, wenn wir Entscheidungen treffen müssen.

Da macht man eine Diät und sieht etwas Leckeres.
Dann ist da die Stimme in uns, die meint,
na eine Ausnahme wird man ja machen dürfen.

Man müsste eigentlich was für sich tun und einen Spaziergang wäre da nicht schlecht.
Dann ist da die Stimme in uns, die meint,
das Fernsehprogramm ist aber so toll heute und außerdem ist draußen kein Wetter.

Da ist der ältere einsame Mensch, den man grüßen könnte.
Dann ist da die innere Stimme in uns, die meint,

der quatsch dir dann wieder 10 Minuten die Ohren voll, tu einfach so als hättest du ihn nicht gesehen.

Das Hebräische kennt nicht die Möglichkeiten eines Selbstgespräches.
Da braucht es immer ein Gegenüber.
So wird auch die innere Stimme der Versuchung immer als Gegenüber dargestellt.
- Beim Sündenfall im Paradies mit Eva ist es die Schlange.
- Und hier bei Lukas ist es der Teufel – der Verführer.

Diese Perikope ist eigentlich eine Geschichte mitten aus dem Leben.
Und Lukas sagt, schau genau hin!
Sie passierte damals nicht nur Jesus, sondern sie passiert auch euch heute.
Immer wieder stehen wir vor Entscheidungen, die uns auch in Versuchung führen.

Jesus ist hier – sagt Lukas – den unbequemen Weg gegangen und hat der Versuchung widerstanden.
Aber wie der letzte Satz ausdrücken will, kommen Versuchungen immer wieder.

Und Lukas will uns durch seine Geschichte ermutigen, auch wenn wir heute immer wieder versucht sind, uns vom Weg ins Reich Gottes zu entfernen, machen wir es doch wie Jesus und wehren die Versuchungen schlagfertig ab.

Jakob zu Esau
(Gen 32,4 - 33,10)

Wenn wir uns wiedersehen,
was wird dann sein?
Wirst du mir meinen Betrug verzeihn?

Wenn wir uns wiedersehen,
werde ich dich erkennen?
Darf ich dich noch meinen Bruder nennen?

Wenn wir uns wiedersehen,
wird Angst mich dann lähmen,
um dich in die Arme zu nehmen?

Wenn wir uns wiedersehen,
werd ich dann sterben?
Wirst du von mir meine Kinder erben?

Wenn wir uns wiedersehen,
so viele Fragen.
Und doch muss ich den Schritt zu dir wagen.

"Ich habe dein Angesicht gesehen,
sehend wie das Angesicht der Gottheit
und du bist mir wohlwollend begegnet."

Elischa und die schöne Schunemitin
(2 Kön 4,8-37)

es war liebe auf den ersten blick

bei ihr

der schönen schunemitin

bei ihm

weiß man es nicht

schließlich war er ein mann gottes

ein zimmer für den heiligen mann

nur bed und breakfast

und ihr mann war einverstanden

sie liebte ihn wirklich

den elischa

doch der war mehr als begriffstutzig

aber dankbar für das zimmer

was will die frau?

was braucht sie?

fragt er gehasi

seinen getreuen

einen sohn

sagt der

ihr mann ist alt

mit anderen worten

schlaf mit ihr

sie bekam den sohn

und hatte nicht darum gebeten

sie bekam elischa nicht

obwohl er ihr hoffnung gemacht

dann schlief der sohn

sich in den tod

sie ließ nicht von elischa ab

und der heilige mann?

gab ihr den sohn

zum zweiten mal

nimm deinen sohn

denn mich kannst du nicht haben

da nahm sie ihn

und sie ging

erste Schöpfung (III)
(Gen 1)

Ich stelle mir vor:

Der Urknall,

vor zig Millionen Jahren.

Warum geschah er?

Wer löste ihn aus?

Und das Universum wächst und wächst.

Seit dem.

Worin breitet es sich aus?

Wo ist da Gott?

Nein, das kann ich mir nicht vorstellen.

Ich steh davor:

Ein grüner Stengel,

ein paar Tage später eine Verdickung.

Wer hat das ausgelöst?

Wer hat das erdacht?

Von wem stammt die Idee?

Eine prachtvolle Blüte,

filigran und zart.

Und sie wächst und wächst.

Nein, ich kann nicht bei ihr stehen bleiben.

Meine Zeit verrinnt.

Und wo ist Gott?

"Navigationsgerät"
(Mt 3,1-12)

„Wenn möglich, drehen Sie bitte um!"
Diese freundliche Aufforderung hat schon manchen Autofahrer von seinem Navigationsgerät zu hören bekommen, wenn er trotz Hinweise aus dem Gerät in eine falsche Richtung abgebogen ist.

Früher, ohne Navi, hat sich in so einer Situation schon der ein oder andere heillos verfahren und ist nur über Umwegen, nach einer Irrfahrt oder auch viel zu spät an sein eigentliches Ziel gekommen.

Heute werden wir über Satelliten geortet, gesteuert und dann in die richtige Richtung gelenkt und auf den rechten Weg gebracht.

„Wenn möglich, drehen Sie bitte um!"
Was müssen wir dann tun?
Eine Möglichkeit suchen, nach rechts oder links, in eine Einfahrt oder Nebenstraße einbiegen und versuchen zu wenden.
Dann erst, wenn wir in die entgegengesetzte Richtung fahren, sagt uns die freundliche Stimme wieder wie es weiter geht.

Was ist aber vorher passiert?
Vorher haben wir nicht aufgepasst und auf die Stimme unseres Navigationsgerätes gehört.
Wussten wir es besser?
Waren wir vielleicht nur gedankenlos?
Wurden wir von irgendjemand oder irgendetwas abgelenkt?

Es gibt einige Gründe, um in die falsche Richtung zu geraten.
Und da heißt es nur: Umkehren!

Als ich das Evangelium in der Vorbereitung auf diese Gottesdienstfeier las, haben mich die Worte, die von Johannes dem Täufer darin überliefert werden, an so ein Navigationsgerät erinnert.
„Kehrt um! Denn das Himmelreich ist nahe"

Also waren die Leute damals in die falsche Richtung unterwegs.
Und wenn sie nicht umkehrten, würden sie den Weg ins Himmelreich verfehlen, obwohl es doch so nahe war.
Oder sie würden zu spät kommen.

Der Unterschied zwischen Johannes dem Täufer und einem heutigen Navigationsgerät war mir dann auch sofort klar.

Johannes wurde nicht von irgendwelchen unsichtbaren Satelliten gesteuert, sondern war ein von Gott gelenkter und inspirierter Rufer, Mahner gar Droher.
Ungefähr so, als würde Ihr Navi im Auto zu Ihnen sagen:
„Wenn möglich bitte wenden, andernfalls verursachen Sie einen Unfall, der tödlich endet oder zumindest Ihnen viele Stunden Schmerzen und Behinderungen in Ihrem zukünftigen Leben verursacht. Und Ihr Ziel werden Sie bestimmt so nicht erreichen."

Aber nicht nur den Menschen damals mahnt Johannes mit seinen Worten der Umkehr und den Drohungen dafür, wenn sie den eingeschlagenen Weg weiterverfolgen.
Nicht nur die Menschen damals hatten die falsche Richtung eingeschlagen.

Wir brauchen doch nur im Fernsehen, in Zeitungen und Internet uns umzuschauen, um zu erfahren, wohin wir unterwegs sind.

Unbestreitbar ist die Verrohung unserer Gesellschaft:
  da Verhungern Kinder zuhause,
  da werden auf Schulhöfe gleich neben uns Gewalt und Brutalität immer heftiger,

da sind die Nachrichten voll von Kindesmisshandlungen
von Menschenhandel
von Amokläufen.

Wir haben die falsche Richtung eingeschlagen, wenn wir da immer nur mit Entsetzen hinsehen, aber uns ansonsten in unserem Alltagstrott nicht stören lassen.
Wir brauchen heute wieder ein Navi wie Johannes den Täufer, der geortet ist von Gott und uns aufzeigt, wohin, in welche Richtung der Weg ins Himmelreich führt.

Welche Tipps oder Ratschläge würde uns heute ein – nennen wir es ruhig „gottgesteuertes Navi" – wohl geben:
Vielleicht ganz einfache Richtungsanzeigen wie:
    Überdenken der alten Gewohnheiten
    Überdenken des Umgangs miteinander in der Familie, mit Freunden, mit Kollegen, mit Fremden
    Überdenken des Umgangs mit unserer Umwelt, mit Energie, Wasser und Müll

Die Adventszeit ist die dunkelste Jahreszeit, bevor die Tage nach Weihnachten langsam wieder heller werden.

Deshalb sollten wir nicht nur mit Licht und Navi unsere Routen durch den täglichen Autoverkehr suchen, sondern uns einmal durch das Licht und die Richtungsanzeigen Gottes durch unser tägliches Miteinander leiten lassen.
Denn wie Johannes schon sagte:
"Das Himmelreich ist nahe."

Versuchen wir deshalb zu wenden und wenn möglich umzudrehen und die richtige Richtung auf das Himmelreich hin einzuschlagen.

Michal
(2 Sam 6,14-16)

Sie steht am Fenster
und sie schaut hinaus.
Überall fröhliche, gutgelaunte Menschen,
denn Gott zieht ein in die Stadt.
Bald schon hört sie die Musikanten
und den Lärm ihrer Instrumente.
Dann sieht sie auch schon die Ersten.
Die Menge jubelt.
Der Zug kommt näher.
Mittendrin ihr Geliebter.
Ihr David, der König.
Sie ist so glücklich.
Und da, ein Tänzer.
Halbnackt schlägt er das Rad,
macht Luftsprünge wie ein Irrer.
Vor dem Volk entblößt er sich.
Vor all den Frauen und Kindern.

Ihm folgt der Wagen mit der Lade darauf,
sittsam verhüllt.
Vor den trottenden Ochsen aber der Nackte.
Jetzt erkennt sie ihn.
Oh, Gott, es ist er, ihr Geliebter.
Wie peinlich das Ganze,
wie würdelos.
Ihre Stimmung schlägt um, ist dahin,
und aus ihrer Liebe wird Verachtung.
Wie kann man nur?
Im Angesicht Gottes
halbnackt zu tanzen,
das wäre noch tragbar.
Aber vor den Augen der Leute?
Michal wendet sich ab,
Tränen treten in ihre Augen,
laufen die Wangen hinunter.
Sie senkt den Blick, ihre Liebe dahin
und ihr Schoß blieb verschlossen.

zweite Schöpfung (II)
(Gen 2,7.21-23)

aus Lehm geformt

gebildet

erstarrt

von der Sonne gebrannt

erkaltet

Gott stößt ihn an:

"er muss sich doch bewegen"

ein, zwei Schritte

ein starres Gesicht

ein kaltes Herz

kein Lächeln

kein Leben

Gott sieht ihn an:

"er hat doch meinen Atem"

ein Sinken des Kopfes

Erstarrung

Lethargie

kein Zucken

Gott nimmt ihn auf:
"da fehlt doch was"
er teilt ihn
aus eins mach zwei
gibt beide aus der Hand
und sie erbeben leise
sie sehen sich an
der Erste spricht:
"ja, Mann bin ich"
er geht zu dem Zweiten:
"du, meine Frau"
Gott lehnt sich zurück:
"na endlich"
sie fassen sich an
gehen Hand in Hand
die Starre fällt ab
das Leben beginnt
sie sehen sich an
sie lächeln sich an
das Leben tut gut
als Frau und als Mann

Göttin Weisheit
(Spr 8,22-31)

Tanzen möchte ich vor Freude,
singen möchte ich.

Ich hab es gefunden.

Zuunterst lag es im Schrank,
im Zimmer meines Vaters.

Und dort in der Rolle stand,
ich las es schwarz auf weiß:

"Frau Weisheit wurde von Gott erschaffen,
vor seinen Werken in der Urzeit."

und

"Ich war seine Freude Tag für Tag
und spielte vor ihm allezeit."

Es gibt sie also die Himmelskönigin,
mögen die Männer sie auch leugnen.

Und so wie Gott ihrer bedurfte,
bedarf ein Mann einer Frau.

Ich bin so aufgeregt, weil ich es fand.

Doch muss ich ganz still sein,
darf nicht tanzen, nicht singen.

Denn noch ist den Männern nicht bewusst,
dass ich es weiß.
Und ich kann schweigen.

Nur meiner Freundin werd ich's erzählen.

Abigajil
(1 Sam 25,14-19)

Mein Gott,
ich bin so aufgeregt.
Ich muss noch an so vieles denken.
Ich weiß nicht, wo mir der Kopf steht.
Ich komme hoffentlich noch zur rechten Zeit.

Reden werde ich müssen.
Beschwichtigen werde ich müssen.
Bezirzen werde ich müssen.
Den Gesalbten.
Den Rötlichen.
Den zukünftigen Herrscher.

Und da draußen ist Erntefest.
Und da draußen ist Stimmung.
Und da draußen feiern sie.
Und da draußen liegt mein Mann.
Besoffen.

Mein Gott, hilf,
ich muss es schaffen.

"Was haben Sie erwartet?"
(Mt 11,2-11)

"Was haben Sie erwartet?"
Eigentlich ist das eine Frage,
die ich am Ende einer Ansprache an Sie richten sollte?
Vielleicht tu ich das noch.
Aber jetzt meine ich sie rhetorisch.

"Was haben Sie erwartet?"

Immer, wenn diese Frage gestellt wird, kann man davon ausgehen, dass Erwartungen enttäuscht wurden.
Erwartungen, die zu hoch geschraubt waren.
Es wurde **zu viel** erwartet.
Und dann gibt es Enttäuschung.
Wobei Enttäuschung eigentlich immer negativ gesehen wird.

Ent - täuschung.
Eine Täuschung wird entlarvt.
Eine Täuschung wird relativiert und man kommt damit aber der Wahrheit näher.
Also etwas Positives, oder?

Das eine Enttäuschung negativ gesehen wird, liegt daran, dass die Erwartung, die enttäuscht wurde, einfach zu hoch angesetzt ist.

Und eine nicht erfüllte Erwartung macht traurig.
Warum erzähl ich Ihnen das alles?
Weil unser heutiges Evangelium durch
Johannes auch für uns die Frage aufwirft:
Was erwarten wir von diesem Jesus.
Ja, von diesem Gott.

Sitzen wir etwa heute in der Kirche und sind
enttäuscht?
Haben wir nicht einfach unsere Erwartungen zu
hoch aufgehängt?
Erwarten wir vielleicht eine Gottesherrschaft
nach unseren Vorstellungen, wo Gott das Böse
tilgt und das Gute seine Herrlichkeit schaut.

Johannes hatte nur diese eine Gelegenheit,
Jesus zu fragen.
Wir feiern unser Leben lang jedes Jahr Advent,
die Zeit der Erwartung.
Aber wurde unsere Erwartung jemals bisher
erfüllt.
Gewiss Weihnachten kommt jedes Jahr wieder
und mit ihm die Zeit der "Süßer die Glocken nie
klingen" und spätestens Silvester wird dann das
Alte abgehakt, es gibt neue Vorsätze für das
neue Jahr und doch läuft alles weiter wie
bisher.
Was wurde aus dem Advent aber, der Zeit der
Erwartung?

Was wurde aus unserer Frage an Jesus:
Wo bleibt dein Reich Gottes?
Heute!
In diesem Jahr!
Und da kommt wieder meine Frage vom Anfang:
"Was haben Sie denn erwartet?"

Wenn Sie wie Johannes auf Feuer und Donner und Erdbeben warten, indem dann Gott erscheint und seine Herrschaft auf Erden antritt, werden Sie enttäuscht.

Das wissen wir schon aus der Geschichte des Elias am Berg Horeb, wo Gott nach einem leichten, leisen Säuseln des Windes zu Elia spricht.

Wenn Sie erwarten, dass das Reich Gottes mit einem Knall und Engelsposaunen auf einmal da ist, werden Sie enttäuscht.

Im Evangelium gibt Jesus den Jüngern des Johannes eine Antwort, die auch für uns heute massgeblich sein sollte:

Blinde sehen,
Lahme gehen,
Aussätzige werden rein,

Taube hören,
Tote stehen auf
und den Armen wird die frohe Botschaft
verkündet.

Eine komplizierte Antwort auf eine einfache Frage.
Aber eine Antwort, die heute mehr als gültig ist.

Unsere medizinische Versorgung heilt Krankheiten, die man zur Zeit Jesus noch gar nicht kannte.
Das ist doch Reich Gottes.

Unser Miteinander in so mancher Gemeinde ist praktische Verkündigung der frohen Botschaft auf vielen Gebieten:
In Nachbarschaften,
in der Frauenarbeit,
bei der Betreuung von älteren Menschen,
in unserem Umgang mit den Flüchtlingen,
und ... und ... und
da spielt sich Reich Gottes doch schon ab.

Nein, nicht mit Donnergebraus und Engelsposaunen, sondern eher wie ein leises Säuseln.
Erwarten Sie also nicht den großen Knall, denn dann werden Sie enttäuscht.

Helfen Sie lieber mit beim Wachsen des kleinen Senfkorns Reich Gottes.
Und lassen Sie sich wie den Jüngern des Johannes die Augen öffnen für das, was bereits Reich Gottes ist.
Ändern Sie einmal Ihre Sichtweise, sehen Sie auf das, was alles schon da ist, und nicht auf das, was noch im Argen liegt.
Denn das ist frohe Botschaft.

Dann erübrigt sich am Ende auch die Frage: "Was haben Sie eigentlich erwartet?"

Einige der hier abgedruckten Texte wurden bereits in Büchern veröffentlich, die Ansprachen in Gottesdiensten gehalten.

Heinz-Josef van Ool, geb. 1953, lebt in Mönchengladbach, ist verheiratet und Vater dreier Söhne.

Seit über 20 Jahren beschäftigt er sich mit der Bibel, vornehmlich mit dem Alten Testament.

In Studienreisen nach Israel, Jordanien und Syrien hat er viele Orte der Bibel besucht und auf sich wirken lassen.

Die Gedankenspiele mit biblischen Geschichten und Personen sind für ihn eine ständige Quelle für neue Gedichte, Texte und Ansprachen.

Weitere Bücher des Autors:

Heinz-Josef van Ool:
Eine unmögliche Forderung
Roman.
Herstellung und Verlag: Books on Demand
GmbH Norderstedt. ISBN 978-3-7357-5125-6

Ist Prophetie nur eine Erscheinung früher Jahrtausende der Zivilisationsgeschichte? Der Autor nähert sich in der Form eines Romans der faszinierenden Idee, dass Prophetie durchaus auch in unserer Zeit möglich sei.
Ein Reisender zu den heiligen Stätten des Juden- und Christentums wird auf die Spur des alttestamentarischen Propheten Amos gesetzt, um selbst vorbereitet zu werden für ein Wirken als Prophet in unserer Zeit.
Wie schon vor Tausenden von Jahren greift auch in unserer Zeit Gott direkt, diesmal aber in menschlicher Gestalt und erlebbar, in das Schicksal eines relativ unbedeutenden Menschen ein, um ihn mit der Aufgabe eines Propheten zu betrauen.
Seine Begegnungen mit Amos, einem der "kleinen Propheten" des Alten Testaments, um 800 vor Christi lebend, zeigen ihm, dass ein Prophet ein ganz normaler Mensch "wie du und ich" sein kann.
Auf überraschende Weise gehen die Geschehnisse in Gegenwart und Vergangenheit ineinander über und halten die Geschichte damit interessant und spannend bis zur letzten Seite.

Heinz-Josef van Ool:
**und als es darauf ankam,
schwieg Gott**
Roman.
Herstellung und Verlag: Books on Demand
GmbH Norderstedt. ISBN 978-3-7357-8100-0

Kann eine Reise nach Israel die Trauer um den Tod von Frau und Kind lindern?
Der Erzähler ist da mehr als skeptisch.
Trotzdem geht er das Risiko ein und lässt sich auf dieser Reise informieren, berühren, beeindrucken, erschüttern.
Eine Erscheinung am See Genezareth und eine neue Liebe bringen die Farben seines Lebens zurück.
Und selbst seine Ansicht, dass Gott schweigt, immer dann, wenn es darauf ankommt, wird hier im Heiligen Land relativiert.

In sich abgeschlossen, erzählt der neue Roman von Heinz-Josef van Ool doch eine Fortsetzungsgeschichte seines ersten Romans. Diesmal wird Erzählung von vielen Textstellen aus der Bibel und Ansprachen dazu abgerundet.

Heinz-Josef van Ool
mit anderen Augen
Kurzgeschichten
Herstellung und Verlag: Books on Demand
GmbH Norderstedt. ISBN 978-3-734-7917-89

Die vorliegenden Geschichten wollen herausfordern, wollen dazu anregen mit eigenen Augen – mit anderen Augen – Personen und Orte der Bibel zu betrachten.
Ob es nun Geschichten zu einzelnen Personen sind, wie:
„unrein" - was fühlt eine Frau, die von der Gesellschaft ausgeschlossen wird?
„Barabbas" - was geht in einem vor, wenn man plötzlich ein neues Leben geschenkt bekommt?
„Opferung Issaks" - was veranlasst eine Managerin des Gottes „Mammon" auf die Opferung ungeborenen Lebens zu verzichten?
„Herr Soundso" - wie stark kann Sehnsucht sein
oder um Geschichten zu Zyklen wie:
„Jordanien",
Aleppo in Syrien,
„Sakrament der Leere"
„Personen am Rande des Kreuzweges",
immer geht es um eine neue Perspektive
„mit anderen augen".